O mistério do mal

Giorgio Agamben

O mistério do mal
Bento XVI e o fim dos tempos

Tradução
Silvana de Gaspari e Patricia Peterle

Copyright desta edição © Boitempo Editorial, 2014
Copyright © Gius. Laterza & Figli, 2013
Título original: *Il mistero del male. Benedetto XVI e la fine dei tempi*

Direção editorial	Ivana Jinkings
Edição	Isabella Marcatti
Coordenação de produção	Livia Campos
Assistência editorial	Thaisa Burani
Tradução do italiano	Silvana de Gaspari e Patricia Peterle
Revisão da tradução	Selvino Assmann
Preparação	Thais Rimkus
Diagramação	Antonio Kehl
Capa	Ronaldo Alves
	sobre imagens da praça São Pedro, no Vaticano (frente), detalhe de *A destruição do Leviatã* (1865), de Gustave Doré (1832-1883) (verso) e de ilustrações (1868) de Gustave Doré para *A divina comédia*, de Dante Alighieri (internas)

Equipe de apoio

Allan Jones, Ana Yumi Kajiki, Artur Renzo, Bibiana Leme, Eduardo Marques, Elaine Ramos,
Giselle Porto, Ivam Oliveira, Kim Doria, Leonardo Fabri, Marlene Baptista, Maurício Barbosa,
Renato Soares, Thaís Barros, Tulio Candiotto

CIP-BRASIL. CATALOGAÇÃO-NA-FONTE
SINDICATO NACIONAL DOS EDITORES DE LIVROS, RJ

A21m

Agamben, Giorgio, 1942-
O mistério do mal : Bento XVI e o fim dos tempos / Giorgio Agamben ; tradução Silvana de Gaspari , Patricia Peterle. - 1. ed., 1 reimpr. - São Paulo : Boitempo, 2016.

Tradução de: Il mistero del male. Benedetto XVI e la fine dei tempi
Apêndice
Inclui bibliografia
ISBN 978-85-7559-427-8

1. Igreja Católica - Filosofia. 2. Filosofia e religião. I. Título.

16-36413	CDD: 262.52
	CDU: 262.5

É vedada a reprodução de qualquer parte
deste livro sem a expressa autorização da editora.

1ª edição: março de 2015
1ª reimpressão: outubro de 2016

BOITEMPO EDITORIAL
Jinkings Editores Associados Ltda.
Rua Pereira Leite, 373
05442-000 São Paulo SP
Tel./fax: (11) 3875-7250 / 3872-6869
editor@boitempoeditorial.com.br | www.boitempoeditorial.com.br
www.blogdaboitempo.com.br | www.facebook.com/boitempo
www.twitter.com/editoraboitempo | www.youtube.com/tvboitempo

Sumário

Advertência 7

I. O mistério da Igreja 9
II. *Mysterium iniquitatis*. A história como mistério 27

Apêndice 47
Declaração de Celestino V 48
Declaração de Bento XVI 50
Ticônio...55
   Segunda regra. O corpo bipartido do Senhor 55
   Sétima regra. O diabo e seu corpo.............................61
Agostinho de Hipona 69
   A cidade de Deus, Livro XX, capítulo XIX 69

Bibliografia...77

Advertência

Mysterium iniquitatis reproduz o texto inédito de uma conferência proferida em Friburgo (Suíça), em 13 de novembro de 2012, quando recebi o título *honoris causa* em teologia. Os temas tratados na ocasião cruzam-se tão de perto com a tentativa posterior de interpretação da renúncia de Bento XVI (*O mistério da Igreja*) que não julguei necessário esconder sua afinidade, moderando as assonâncias e as repetições. Ambos os textos, de fato, consideram um único problema: o do significado político do tema messiânico do fim dos tempos, tanto hoje como há vinte séculos.

I.
O mistério da Igreja

1.

Nestas páginas, procuraremos compreender a decisão do papa Bento XVI, situando-a no contexto teológico e eclesiológico que lhe é próprio. Contudo, olharemos para essa decisão em sua exemplaridade, isto é, para as consequências que é possível tirar dela para uma análise da situação política das democracias em que vivemos.

De fato, estamos convencidos de que, cumprindo a "grande recusa", Bento XVI deu prova não de vileza – que, segundo uma tradição exegética, seria tudo menos segura, como Dante teria escrito de Celestino V –, mas de uma coragem que adquire hoje um sentido e um valor exemplares. As razões invocadas pelo pontífice para motivar sua decisão, certamente em parte verdadeiras, de modo nenhum explicam o gesto que, na história da Igreja, tem um significado particular. E esse

10

gesto assume todo o seu peso se lembrarmos que, em 28 de abril de 2009, Bento XVI havia depositado, precisamente sobre o túmulo de Celestino V, na cidade de Áquila, o pálio que recebera no momento da posse, provando que a decisão tinha sido meditada. Celestino V explicou sua renúncia praticamente com as mesmas palavras de Bento XVI, falando de "fraqueza do corpo" (*debilitas corporis*; Bento XVI invocou uma diminuição do "vigor do corpo", *vigor corporis*) e de "enfermidade da pessoa" (*infirmitas personae*); mas fontes antigas já informam que a verdadeira razão deveria ser procurada em sua indignação "frente às prevaricações e às simonias da corte".

Por que tal decisão nos parece hoje exemplar? Porque volta a chamar atenção para a distinção entre dois princípios essenciais de nossa tradição ético-política, dos quais as sociedades parecem ter perdido qualquer consciência: a legitimidade e a legalidade. Se é tão profunda e grave a crise que nossa sociedade está atravessando, é porque ela não só questiona a *legalidade* das instituições, mas também sua *legitimidade*; não só, como se repete muito frequentemente, as regras e as modalidades do exercício do poder, mas o próprio princípio que o fundamenta e o legitima.

Os poderes e as instituições não são hoje deslegitimados porque caíram na ilegalidade; é mais verdadeiro o contrário, ou seja, que a ilegalidade é difundida e generalizada porque os poderes perderam toda a consciência de sua legitimidade. Por isso é vão acreditar que se pode enfrentar a crise das sociedades por meio da ação (certamente necessária) do poder judiciário – uma crise que investe a legitimidade não pode ser resolvida somente no plano do direito. A hipertrofia do direito, que tem a pretensão de legiferar sobre tudo, revela, isso sim, através de um excesso de legalidade formal, a perda de toda legitimidade substancial. A tentativa moderna de fazer coincidir legalidade e legitimidade, procurando assegurar, através do direito positivo, a legitimidade de um poder, é – como resulta do irrevogável processo de decadência em que ingressaram as instituições democráticas – totalmente insuficiente. As instituições de uma sociedade só continuarão vivas se ambos os princípios (que em nossa tradição também receberam o nome de direito natural e direito positivo, de poder espiritual e poder temporal ou, em Roma, de *auctoritas* e *potestas*) se mantiverem presentes e nelas agirem, sem nunca pretender que coincidam.

2.

Todas as vezes que se evoca a distinção entre legitimidade e legalidade, é necessário precisar que não se entende, com isso, segundo uma tradição que define o pensamento dito reacionário, a legitimidade como princípio substancial hierarquicamente superior, do qual a legalidade jurídico-política não seria mais

12

que um epifenômeno ou efeito. Ao contrário, entendemos que legitimidade e legalidade são duas partes de uma única máquina política que não só nunca devem ser reduzidas uma à outra, mas devem permanecer sempre, de alguma forma, operantes para que a máquina funcione. Se a Igreja reivindica um poder espiritual ao qual o poder temporal do Império ou dos Estados deveria ficar subordinado, como aconteceu na Europa medieval, ou se, como se deu nos Estados totalitários do século XX, a legitimidade pretende prescindir da legalidade, então a máquina política gira no vazio, com êxitos frequentemente letais; se, por outro lado, como aconteceu nas democracias modernas, o princípio legitimador da soberania popular se reduz ao momento eleitoral e se restringe a regras procedimentais prefixadas juridicamente, a legitimidade corre o risco de desaparecer na legalidade e a máquina política fica igualmente paralisada.

Por isso o gesto de Bento XVI nos parece tão importante. Esse homem, que era chefe da instituição que arroga a si ter o mais antigo e significativo título de legitimidade, colocou em questão, com sua decisão, o próprio sentido do título. Perante uma cúria que, totalmente esquecida da própria legitimidade, persegue com obstinação as razões da economia e do poder temporal, Bento XVI optou por usar somente o poder espiritual, do único modo que lhe pareceu possível, isto é, renunciando ao exercício do vicariato de Cristo. Assim, a própria Igreja foi colocada em questão, desde a raiz.

13

3.

Uma compreensão mais aprofundada do gesto de Bento XVI exige que este seja restituído ao contexto teológico, o único que permite avaliar plenamente o significado da decisão e, em particular, à concepção de Igreja do próprio papa. Em 1956, aos trinta anos, o teólogo Joseph Ratzinger publicou, na *Revue des Études Augustiniennes*, um artigo com o título "Considerações sobre o conceito de Igreja de Ticônio no *Liber regularum*"*.

Ticônio, ativo na África na segunda metade do século IV e classificado em geral como herético donatista, é, na realidade, um teólogo extraordinário, sem o qual Agostinho jamais teria escrito sua obra-prima, *A cidade de Deus*. Seu *Liber regularum* (única obra conservada, junto aos fragmentos de *Comentário ao Apocalipse*) contém, com efeito, um verdadeiro tratado de eclesiologia, em uma série de sete regras para a interpretação das Escrituras.

A segunda regra, que traz como título *De Domini corpore bipartito* ["Sobre o corpo bipartido do Senhor"] e que tem seu correspondente na sétima regra, *De diabolo et eius corpore* ["Sobre o diabo e seu corpo"], é aquela sobre a qual o jovem

---

*   Joseph Ratzinger, "Beobachtungen zum Kirchenbegriff des Tyconius in *Liber regularum*", *Revue des Études Augustiniennes*, t. 2, 1956, p. 173-85. O texto original do artigo está disponível em: <www.patristique.org/sites/patristique.org/IMG/pdf/56_ii_1_2_15.pdf>; acesso em: 23 dez. 2014. (N. T.)

14

Ratzinger concentra sua atenção. "O conteúdo essencial da doutrina do *corpus bipartitum*" – ele escreve – "consiste na tese de que o corpo da Igreja tem dois lados ou aspectos: um 'esquerdo' e outro 'direito', um culpado e um bendito, os quais, contudo, constituem um único corpo. Ainda mais forte que na dualidade dos filhos de Abraão e de Jacó, Ticônio encontra expressa essa tese nas passagens das Escrituras em que não só os dois aspectos, mas também a coesão entre eles, se tornam visíveis num único corpo: *fusca sum et decora*, diz a esposa do *Cântico dos cânticos* (1,4); 'sou negra e bela', isto é, a única esposa de Cristo, cujo corpo é aquele da Igreja, tendo um lado 'esquerdo' e um 'direito' e compreendendo em si tanto o pecado quanto a graça"[1].

Ratzinger ressalta a diferença entre essa tese e a de Agostinho, na qual ele certamente se inspirou para a ideia de uma Igreja *permixta* de bem e de mal. "Não há [em Ticônio] a clara antítese entre Jerusalém e Babilônia, tão característica em Agostinho. Jerusalém é, ao mesmo tempo, Babilônia; a inclui em si. Ambas constituem uma só cidade, que tem um lado 'esquerdo' e um 'direito'. Ticônio não desenvolveu, como Agostinho, uma doutrina das duas cidades, mas a de *uma só cidade com dois lados*."[2]

---

[1]   Ibidem, p. 179-80.

[2]   Ibidem, p. 180-1.

A consequência dessa tese radical, que divide e ao mesmo tempo une uma Igreja dos maus e uma Igreja dos justos, seria, segundo Ratzinger, que a Igreja é, até o Juízo universal, ao mesmo tempo Igreja de Cristo e Igreja do Anticristo: "Disso deriva que o Anticristo pertence à Igreja, nela e com ela cresce até a grande *discessio*, que será introduzida pela *revelatio* definitiva"[3].

4.

É sobre esse último ponto que convém refletir para compreendermos as implicações da leitura de Ticônio a respeito da concepção – tanto no jovem teólogo de Frisinga quanto no futuro papa – da essência e do destino da Igreja. Como vimos, Ticônio distingue uma Igreja negra (*fusca*), composta pelos maus que formam o corpo de Satanás, e uma Igreja justa (*decora*), composta pelos fiéis de Cristo. No presente estado, os dois corpos da Igreja estão inseparavelmente misturados, mas se dividirão no fim dos tempos. "Isso acontece desde a paixão do Senhor até o momento em que a Igreja que o retém for eliminada do mistério do mal (*mysterium facinoris*), a fim de que, quando o tempo chegar, o ímpio seja revelado, como diz o Apóstolo."[4]

---

[3] Ibidem, p. 181.

[4] Ticônio, *Liber regularum*, em Francis Crawford Burkitt (org.), *The Book of Rules of Tyconius. Texts and Studies* (Cambridge, Cambridge University Press, 1894), p. 74.

16

O texto da Escritura que Ticônio cita ("como diz o Apóstolo") é o mesmo ao qual Ratzinger alude falando de uma "grande *discessio*" – trata-se da célebre e obscura passagem da "Segunda epístola aos tessalonicenses", de Paulo, a qual contém uma profecia sobre o fim dos tempos. Damos aqui uma tradução, a mais fiel possível:

> Nós vos pedimos, irmãos, em relação à vinda de nosso Senhor Jesus Cristo e da nossa reunião com ele, de não vos deixardes turbar na vossa mente ou assustar com inspirações ou discursos ou com uma carta que se presuma mandada por mim, como se o dia do Senhor fosse iminente. Que ninguém vos engane de modo algum: já que, se antes não vier a apostasia e não for revelado o homem da anomia (*ho anthropos tes anomias*), o filho da destruição, aquele que se contrapõe e se levanta sobre qualquer ser chamado Deus ou é objeto de culto, até se sentar no templo de Deus, mostrando-se como Deus. Não lembrais que quando eu ainda estava entre vós, vos dizia essas coisas? Agora sabeis aquilo que retém (*to katechon*) e será revelado no seu tempo. O mistério da anomia (*mysterion tes anomias*, que a Vulgata traduz *mysterium iniquitatis*; na tradução de que se serve Ticônio, *mysterium facinoris*) já está em ato; só aquele que retém (*to katechon*), até que não seja eliminado. E então será revelado o ímpio (*anomos*, lit. "sem lei"), que o senhor Jesus eliminará com o sopro da sua boca e tornará inoperante com o aparecimento da sua vinda – aquele cuja vinda é, segundo o ser em ato de Satanás, em toda potência e sinais e falsos prodígios e

com todos os enganos da injustiça, para aqueles que se perdem por não terem acolhido o amor da verdade para a sua salvação. (2 Tess. 2, 1-11)*

5.

A passagem refere-se ao fim dos tempos, cuja chegada está ligada à ação de dois personagens: o "homem da anomia" (ou o "fora da lei", *anomos*) e "aquele (ou aquilo) que retém", isto é, retarda a vinda de Cristo e o fim do mundo. Apesar de parecer que Paulo não conhece o termo Anticristo, a partir de Irineu (e depois, conforme Hipólito, Orígenes, Tertuliano e Agostinho), o primeiro personagem foi identificado com o Anticristo da primeira epístola de João. O *katechon*, que retém o fim, ao contrário, foi identificado pelos Padres como duas potências contrapostas: o Império Romano e a própria Igreja. A primeira interpretação remonta a Jerônimo, segundo o qual o Apóstolo não quis nomear abertamente o Império para não ser acusado de desejar sua ruína. A segunda interpretação remonta, como vimos, a Ticônio, que identificou a Igreja (ou melhor, uma parte dela, a Igreja *fusca*) com o Anticristo. Agostinho, no livro XX de *A cidade de Deus*,

---

* Giorgio Agamben, em seus textos, prefere traduzir os trechos bíblicos, como neste caso. Assim, nesta edição, usamos a tradução do autor como base para a versão em português. (N. T.)

18

sugere isso com discrição, sem o nomear: "Outros pensam" – ele escreve – "que as palavras do Apóstolo se referem somente aos maus e aos hipócritas que estão na Igreja, até o momento em que o número deles formará o grande povo do Anticristo. Seria esse o mistério do pecado, pois está escondido, e creem que é a esse mistério que o evangelista João se refere em sua epístola... Como na hora que João chama de última, muitos hereges, os quais ele chama Anticristos, sairão da Igreja, assim, quando chegar o momento, sairão todos aqueles que não pertencem a Cristo, mas ao último Anticristo, que então será revelado" (XX, 19)*.

Ticônio conhece, então, um tempo escatológico, no qual se realizará a separação das duas Igrejas e dos dois povos – já no final do século IV, existia, portanto, uma escola de pensamento que via na Igreja romana, mais precisamente no caráter bipartido de seu corpo, a causa do atraso da parusia.

6.

A primeira hipótese, que identificava, no Império Romano, o poder que retém, foi reivindicada no século XX por um

---

* O fragmento da obra de Agostinho escolhido por Giorgio Agamben está no apêndice de santo Agostinho, *A cidade de Deus*, v. 3: *livros XVI-XXII* (tradução, prefácio, nota biográfica e transcrições J. Dias Pereira, 2. ed., Lisboa, Fundação Calouste Gulbenkian, 2000). (N. T.)

grande jurista católico, Carl Schmitt, que via na doutrina do *katechon* a única possibilidade de conceber a história a partir de um ponto de vista cristão: "A fé em um poder que retém o fim do mundo constitui a única ponte que pode levar da paralisia escatológica de qualquer acontecimento humano a uma potência grandiosa como a do império cristão dos reis germânicos"[5]. Quanto à segunda hipótese, ela foi retomada em nosso tempo por um teólogo genial, menosprezado pela Igreja, Ivan Illich. De acordo com Illich, o *mysterium iniquitatis* de que fala o Apóstolo não é senão a *corruptio optimi pexima*, isto é, a perversão da Igreja, que, institucionalizando-se cada vez mais como busca da *societas perfecta*, forneceu ao Estado moderno o modelo para que assumisse o comando integral da humanidade.

Mas, já antes, a doutrina da Igreja romana como *katechon* encontrou sua expressão mais extrema na lenda do Grande Inquisidor, a qual Ivan Karamazov narra no romance de Dostoiévski. Nela a Igreja não é somente o poder que retarda a segunda vinda de Cristo, mas o que procura excluí-la definitivamente ("vá e não volte mais", diz para Cristo o Grande Inquisidor).

---

[5] Carl Schmitt, *Der Nomos der Erde im Völkerrecht des Jus publicum Europaeum* (2. ed., Berlim, Duncker & Humblot, 1974), p. 44.

20

7.

Na audiência geral de 22 de abril de 2009, dois meses antes de depor o pálio sobre a tumba de Celestino V, Bento XVI evocou novamente a figura de Ticônio, a propósito do modo como devemos compreender "o mistério da Igreja" hoje. Falando de Ambrósio Autperto, teólogo do século VIII, autor de um comentário sobre o Apocalipse inspirado pelo de Ticônio, ele escreve que, "em seu *Comentário ao Apocalipse*, Ticônio vê refletir, sobretudo, o mistério da Igreja. Ele havia chegado à convicção de que a Igreja era um corpo bipartido: uma parte pertence a Cristo, mas há outra parte que cabe ao diabo"[6]. Que a tese de Ticônio, definido como "grande teólogo", receba agora a sanção do bispo de Roma não é, com certeza, algo indiferente. E não está em jogo somente a tese do corpo bipartido da instituição, mas também, e antes de tudo, suas implicações escatológicas, isto é, a "grande *discessio*", a grande separação entre os maus e os fiéis – entre a Igreja como corpo do Anticristo e a Igreja como corpo de Cristo – que deve se realizar no fim dos tempos.

Tentemos, então, situar a decisão do pontífice nesse contexto teológico, ao qual indiscutivelmente pertence. A abdicação só pode evocar, nessa perspectiva, algo como uma *discessio*,

---

[6] Joseph Ratzinger. Disponível em: <www.vatican.va/holyfather/benedictxvi/audiences/2009>; acesso em 23 dez. 2014.

uma separação entre a Igreja *decora* e a Igreja *fusca*; todavia, Bento XVI sabe que ela só pode e deve realizar-se no momento da segunda vinda de Cristo, que é precisamente o que a bipartição do corpo da Igreja, agindo como *katechon*, parece destinada a retardar.

8.

Nesse caso, tudo depende de como se interpreta o tema escatológico, inseparável da filosofia cristã da história (talvez toda filosofia da história seja constitutivamente cristã) e, em particular, do sentido atribuído à passagem da epístola paulina. É sabido, como havia observado Troeltsch, que a Igreja encerrou, há muito tempo, seu ofício escatológico[7], mas é justamente a decisão de Bento XVI que mostra que o problema das coisas últimas continua a agir subterraneamente na história da instituição. Aliás, a escatologia não significa necessariamente – como sugere Schmitt – uma paralisia dos eventos históricos, no sentido de que o fim dos tempos faria com que fosse inútil qualquer ação. É exatamente o contrário; é parte integrante do sentido das coisas últimas, que elas devam guiar e orientar a ação nas coisas penúltimas. É o que Paulo, que se refere

---

[7] Ernst Troeltsch, *Glaubenslehre. Nach Heidelberger Vorlesungen aus den Jahren 1911 und 1912* (Munique, Duncker & Humblot, 1925), p. 36.

22

ao tempo messiânico sempre com a expressão *ho nyn kairos*, "o tempo de agora", não se cansa de lembrar, advertindo os tessalonicenses a não se deixarem turbar pela iminência da parusia. O que interessa ao Apóstolo não é o último dia, não é o *fim dos tempos*, mas o *tempo do fim*, a transformação interna do tempo, que o evento messiânico uma vez por todas produziu, e a consequente mudança da vida dos fiéis. O *mysterium iniquitatis* da "Segunda epístola aos tessalonicenses" não é um arcano supratemporal, cujo único sentido é pôr fim à história e à economia da salvação, mas um drama histórico (*mysterion* em grego significa "ação dramática") que está acontecendo em cada momento e no qual incessantemente se jogam os destinos da humanidade, a salvação ou a ruína dos homens. Uma das teses de *Comentário ao Apocalipse* de Ticônio, que Bento XVI conhecia bem, era exatamente a de que as profecias não se referem ao fim dos tempos, mas à condição da Igreja no intervalo entre a primeira e a segunda vindas, isto é, no tempo histórico que ainda estamos vivendo.

9.

Isso significa, no caso da separação entre os dois lados do corpo da Igreja, que a "grande *discessio*" da qual falava o jovem Ratzinger não é apenas um evento futuro que, como tal, deve ser separado do presente e circunscrito ao fim dos tempos; é, acima de tudo, algo que deve orientar *aqui* e *agora* a conduta de todo cristão e, em primeiro lugar, do pontífice. Contrariamente à tese de Schmitt, o *katechon*, o "poder que freia" – identificado na Igreja ou no Estado –, não pode inspirar nem postergar de modo algum a ação histórica dos cristãos.

Situada no contexto que lhe é próprio, a "grande recusa" de Bento XVI é bem diferente de uma remissão ao futuro cisma escatológico; ela lembra, ao contrário, que não é possível que a Igreja sobreviva ao fim dos tempos remetendo passivamente a solução do conflito, que dilacera o "corpo bipartido". Nem o problema da legitimidade nem o problema do que é justo e do que é injusto podem ser eliminados da vida histórica da Igreja, mas devem inspirar, a cada momento, a consciência de suas decisões no mundo. Se fingirmos ignorar a realidade do corpo bipartido, como frequentemente fez a Igreja, a parte *fusca* acaba por prevalecer sobre a *decora*, e o drama escatológico perde todo o sentido.

A decisão de Bento XVI trouxe à luz o mistério escatológico com toda a sua força explosiva – e só desse modo a Igreja, que se perdeu no tempo, poderia reencontrar a justa relação com o fim dos tempos. Existem, na Igreja, dois elementos inconciliáveis e, todavia, estreitamente entrelaçados: a economia e a escatologia, o elemento mundano-temporal e o que se mantém em relação com o fim do tempo e do mundo. Quando o elemento

24

escatológico se eclipsa na sombra, a economia mundana se torna propriamente infinita, isto é, interminável e sem escopo. O paradoxo da Igreja é que ela, do ponto de vista da escatologia, deve renunciar ao mundo, mas não pode fazê-lo porque, no âmbito da economia, ela é do mundo e não tem como renunciar a ele sem renunciar a si mesma. E é justamente aqui que está a crise decisiva, porque a coragem – que nos parece ser o sentido último da mensagem de Bento XVI – não está senão na capacidade de se manter em relação com o próprio fim.

10.

Procuramos interpretar a exemplaridade do gesto de Bento XVI no contexto teológico e eclesiológico que lhe é próprio. Se esse gesto nos interessa, porém, não é apenas por remeter a um problema interno da Igreja, mas, sobretudo, porque permite focar um tema genuinamente político, o da justiça, que, assim como a legitimidade, não pode ser eliminada da práxis da sociedade. Sabemos ainda que o corpo da sociedade política também é, como o da Igreja – e talvez de forma ainda mais grave –, bipartido, mistura de bem e de mal, de crime e de honestidade, de injustiça e de justiça. Todavia, na práxis das democracias modernas, esse não é um problema político e substancial, mas jurídico e procedimental. Aqui também, como aconteceu com o problema da legitimidade, ele é liquidado no plano das normas que vetam e punem, a não ser que se constate depois que a bipartição do corpo social se torna, a cada dia, mais profunda. Na perspectiva da ideologia liberal atualmente dominante, o paradigma do mercado que se autorregula foi substituído pelo da justiça, e se finge poder governar uma sociedade cada vez mais ingovernável, segundo critérios exclusivamente técnicos. Mais uma vez, uma sociedade só funciona se a justiça (que, na Igreja, corresponde à escatologia) não for mera ideia, totalmente inerte e impotente perante o direito e a economia, mas conseguir encontrar expressão política em uma força capaz de contrabalançar o progressivo achatamento, num único plano técnico-econômico, daqueles princípios coordenados, ainda que radicalmente heterogêneos – legitimidade e legalidade, poder espiritual e poder temporal, *auctoritas* e *potestas*, justiça e direito –, que constituem o patrimônio mais precioso da cultura europeia.

II.
Mysterium iniquitatis
A história como mistério

1.

O título *mysterium iniquitatis* sugere, sem ambiguidades, uma leitura da célebre passagem da "Segunda epístola aos tessalonicenses", de Paulo, sobre o fim dos tempos. Escrevi "sem ambiguidades" porque o que aconteceu em nosso tempo é que uma noção genuinamente escatológica – justamente o *mysterium iniquitatis* –, que, como tal, não tinha sentido a não ser no próprio contexto, foi tirada de seu lugar e transformada numa noção ontológica contraditória, isto é, numa espécie de ontologia do mal. O que tinha sentido só como *philosophia ultima* tomou, assim, o lugar da *prima philosophia*.

Releiamos integralmente a passagem da epístola paulina:

> Nós vos pedimos, irmãos, em relação à vinda de nosso Senhor Jesus Cristo e da nossa reunião com ele, de não vos deixardes turbar na vossa mente ou assustar com inspirações ou discursos

28

ou com uma carta que se presuma mandada por mim, como se o dia do Senhor fosse iminente. Que ninguém vos engane de modo algum: já que, se antes não vier a apostasia e não for revelado o homem da anomia (*ho anthropos tes anomias*), o filho da destruição, aquele que se contrapõe e se levanta sobre qualquer ser chamado Deus ou é objeto de culto, até se sentar no templo de Deus, mostrando-se como Deus. Não lembrais que quando eu ainda estava entre vós, vos dizia essas coisas? Agora sabeis aquilo que retém (*to katechon*) e será revelado no seu tempo. O mistério da anomia (*mysterion tes anomias*, que a Vulgata traduz *mysterium iniquitatis*; na tradução de que se serve Ticônio, *mysterium facinoris*) já está em ato; só aquele que retém (*to katechon*), até que não seja eliminado. E então será revelado o ímpio (*anomos*, lit. "sem lei"), que o senhor Jesus eliminará com o sopro da sua boca e tornará inoperante com o aparecimento da sua vinda – aquele cuja vinda é, segundo o ser em ato de Satanás, em toda potência e sinais e falsos prodígios e com todos os enganos da injustiça, para aqueles que se perdem por não terem acolhido o amor da verdade para a sua salvação. (2 Tess. 2, 1-11)

Quando a Igreja ainda estava interessada nas coisas últimas, essa passagem extraordinária tinha estimulado, de modo especial, a perspicácia hermenêutica dos Padres – de Irineu a Jerônimo, de Hipólito a Agostinho. A atenção dos intérpretes concentrou-se, sobretudo, na identificação dos dois personagens, os quais Paulo chama "aquele – ou aquilo – que retém" (*ho katechon, to katechon;* na Vulgata: *Qui tenet, quid detineat*) e "o homem da anomia" (*ho antropos tes anomias;* lit. "o homem da ausência da lei"; na Vulgata: *homo peccati*), ou simplesmente *ho anomos* ("o sem lei; na Vulgata: *iniquus*). Este último, a partir de Irineu (*Adv. Haereses*, 7,1), embora Paulo não pareça conhecer o termo, foi quase constantemente identificado com o Anticristo da primeira epístola de João (2,18). A identificação foi assim acolhida por Hipólito, Orígenes, Tertuliano e, enfim, por Agostinho para depois se transformar em lugar--comum, apesar de estudiosos modernos a terem colocado em dúvida. Em todos esses autores, o Anticristo é sempre concebido como um homem de carne e osso – um personagem histórico real, como Nero, ou mais ou menos imaginário, como, segundo Hipólito, certo Lateinos ou Teitanos, assim chamado pelo número da besta do Apocalipse. Como Peterson observou oportunamente, mesmo estando a serviço de Satanás, o Anticristo é um homem, não um demônio.

Quem é, então, "aquele ou aquilo que retém" e que deve ser tirado de circulação para que o Anticristo (mais precisamente, segundo as palavras de Paulo, o "sem lei") possa ter lugar? Gostaria de ceder a palavra a Agostinho, que, em *A cidade de Deus* (XX, 19), comentou essa passagem. Após ter escrito que o texto em questão se refere, sem dúvida nenhuma, à vinda do Anticristo e que, por outro lado, o Apóstolo não quis expressar claramente a identidade "daquele que retém",

30

porque se referia a destinatários que já tinham conhecimento, ele acrescenta: "Nós, que não sabemos o que eles sabiam, desejamos ardentemente conhecer o pensamento do Apóstolo, mas não conseguimos, porque as palavras que ele acrescenta são ainda mais obscuras. O que, aliás, significa 'o mistério do pecado já está em ato, só aquele que retém, até que não seja tirado de circulação; e então será revelado o ímpio'? Confesso não entender o que ele diz. Contudo, não calarei as conjeturas dos homens, que pude ler ou escutar".

A este ponto, Agostinho acolhe essas "conjeturas" em dois grupos:

"Alguns (*quidam*) creem que o que foi dito se refere ao Império Romano e que o Apóstolo não o quis escrever abertamente (*aperte scribere*) para não ser acusado de desejar a ruína daquele império que se pretendia eterno. A expressão 'o mistério do pecado já está em ato' se referiria, portanto, a Nero, cujas obras se parecem com as do Anticristo. Alguns supõem que ele ressuscitará e se tornará o Anticristo; outros acham que não está morto, mas foi raptado para fazer com que acreditassem em sua morte, enquanto, escondido na flor da idade, será revelado no tempo certo e assentado no trono. A grande arrogância dessas hipóteses não cessa de me surpreender. É possível, contudo, que as palavras 'é preciso que aquele que retém seja retirado de circulação' se refiram ao

Império Romano, como se o Apóstolo dissesse: 'é preciso que aquele que comanda seja retirado de circulação'".

Quanto ao segundo grupo de testemunhos, Agostinho os resume do seguinte modo:

"Outros pensam que as palavras do Apóstolo concernem somente aos maus e aos hipócritas que estão na Igreja, até o momento em que o número deles formará o grande povo do Anticristo. Seria esse o mistério do pecado, enquanto está escondido, e creem que é a isso que o evangelista João se referia em sua epístola... Assim como na hora que João chama de última, muitos hereges, aos quais se refere como Anticristos, sairão da Igreja; também quando chegar o momento, sairão todos aqueles que não pertencem a Cristo, mas ao último Anticristo, que então será revelado".

2.

Mesmo que Agostinho não mencione nenhum nome, é possível identificar os autores aos quais se refere. Os *quidam* do primeiro grupo se deixam inscrever sem dificuldade no sulco de Jerônimo, que se ocupou com a interpretação da epístola paulina em sua carta a Algásia. É essa interpretação que Agostinho cita quando diz que o Apóstolo não quis escrever abertamente para não ser acusado de desejar a ruína do império que se pretendia eterno (Jerônimo havia escrito: *nec vult aperte dicere Romanum Imperium destruendum, quod ipsi qui imperant aeternum putant*[8]).

A segunda hipótese, que identifica o *katechon* com a Igreja, provém de um autor que exerceu influência determinante sobre Agostinho: Ticônio. Trata-se de um personagem extraordinário, sem o qual Agostinho não teria escrito sua obra-prima, *A cidade de Deus*, já que foi dele que tirou tanto a ideia das duas cidades como a da Igreja como *permixta* de bem e de mal. Mas Ticônio também é importante porque realizou, quinze séculos antes, o programa benjaminiano, segundo o qual a doutrina só pode ser legitimamente enunciada na forma da interpretação.

Seu *Liber regularum*, considerado o mais antigo tratado de hermenêutica sacra, de fato tem isso de particular: as regras que permitem a interpretação das Escrituras coincidem com a doutrina (que é, nesse caso, uma eclesiologia).

A segunda regra, *De Domini corpore bipartito* ("Sobre o corpo bipartido do Senhor"), interessa-nos aqui de modo especial. Segundo Ticônio, o corpo de Cristo, isto é, a Igreja, é constitutivamente dividido. Em referência ao versículo do *Cântico dos cânticos*, que ele lê numa tradução que diz "*fusca sum et*

---

[8] Jerônimo (são), "Epistola ad Algasia", em G. L. Potestà e M. Rizzi (orgs.), *L'Anticristo*, v. 2 (Milão, Fondazione Lorenzo Valla, 2012), p. 18.

decora", ele distingue uma Igreja negra, composta pelo *populus malus* dos maus, que formam o corpo de Satanás, e uma Igreja *decora*, honesta, composta pelos fiéis de Cristo. No estado presente, os dois corpos da Igreja estão inseparavelmente misturados, mas, segundo a predição do Apóstolo, se dividirão no fim dos tempos: "Isso acontece desde a paixão do Senhor até o momento em que a Igreja que retém for eliminada do mistério do mal (*mysterium facinoris*), a fim de que, quando o tempo chegar, o ímpio seja revelado, como diz o Apóstolo"[9].

Ticônio pensa, portanto, em um tempo escatológico, que vai da paixão de Cristo até o "mistério da anomia", quando se cumpre a separação do corpo bipartido da Igreja. Isso significa que, já no final do século IV, havia autores que tinham identificado, na mesma Igreja, o *katechon*, a causa do atraso da parusia.

3.

Todas essas interpretações do texto paulino se referem, de qualquer modo, a personagens ou a potências históricas e remetem a eventos que se produzirão nos tempos que antecedem imediatamente a parusia. Em outras palavras, compreender o mistério da anomia significa compreender algo

---

[9]   Ticônio, *Liber regularum*, em Francis Crawford Burkitt (org.), *The Book of Rules of Tyconius. Texts and Studies* (Cambridge, Cambridge University Press, 1894), p. 74.

34

que diz respeito ao *eschaton*, aquele episódio dramático da história da humanidade, que tem lugar no fim dos tempos. Como Paulo diz claramente em 1 Cor. 10.11, no último dia não é mais possível nenhuma interpretação tipológica ou figurativa, já que todas as figuras e todos os tipos haviam sido concebidos para o fim dos tempos – o que agora acontece não é mais figura, mas realização de cada figura, isto é, realidade histórica e nada mais.

A história como nós a conhecemos é um conceito cristão. "O cristianismo é uma religião histórica, não só porque se baseia em um personagem histórico e em eventos que se consideram historicamente ocorridos, mas também porque confere ao tempo, concebido como linear e irreversível, um significado soteriológico. E mais: ligando à história seu próprio destino, ele se interpreta e se concebe em função de uma perspectiva histórica e elabora e traz consigo uma espécie de filosofia ou, mais precisamente, de teologia da história."[10] Um grande historiador francês pôde escrever, por isso, que "o cristianismo é uma religião de historiador [...], pois é na história que se desenrola o eixo central de toda a meditação cristã, o grande drama do pecado e da redenção"[11].

---

[10] Henri-Charles Puech, *En Quête de la gnose* (Paris, Gallimard, 1978), p. 35.

[11] Marc Bloch, *Apologie pour l'histoire ou le métier d'historien* (1949) (Paris, A. Colin, 1993), p. 38.

É na perspectiva desse drama histórico que procurarei, portanto, ler o texto paulino, deslocando o foco da investigação para identificar os dois personagens (o *katechon* e o homem da anomia) para a própria estrutura do tempo que nele está implícita. Minha hipótese é que compreender o *mysterium iniquitatis* significa nada menos do que entender a concepção paulina do tempo messiânico (isto é, do tempo histórico, se é verdade que a escatologia não é senão uma abreviação ou um modelo em miniatura da história da humanidade). Terei, para isso, de analisar o sintagma paulino *mysterion tes anomias* (o *mysterium iniquitatis* da Vulgata) – o que significa essa expressão que, segundo Agostinho, deixa ainda mais obscuros os *obscura verba* do texto? E, acima de tudo, o que significa *mysterion*?

4.

É sobre a correta interpretação desse vocábulo que Odo Casel – e, em seguida, o que se chamou de "movimento litúrgico" do século XX – fundou seu projeto de renovação da Igreja a partir do espírito da liturgia. Já em sua tese de doutorado, *De philosophorum graecorum silentio mystico* (Sobre o silêncio místico dos filósofos gregos), de 1919, Casel mostra que, em grego, *mysterion* não designa uma doutrina secreta, que se poderia formular num discurso, mas que é proibido revelar. O termo *mysterion* indica, ao contrário, uma práxis, ação ou drama, no sentido também teatral do termo, isto é, um conjunto de gestos, de atos e palavras por meio do qual uma ação ou uma paixão divina se realiza de modo eficaz, no mundo e no tempo, para a salvação dos que dela participam. Por isso, Clemente de Alexandria chama os mistérios eleusinos de *drama mysticon*, "drama místico"[12], e define, consequentemente, a mensagem cristã como "mistério do *logos*"[13].

Não é minha intenção tomar partido aqui no debate eclesiológico sobre o primado da liturgia relativo ao dogma nem do dogma sobre a liturgia, o qual, tendo em conta o movimento litúrgico, Pio XII procurou resolver com a encíclica *Mediator Dei*. Acredito, aliás, que seja legítimo separar o extraordinário exercício de "filologia teológica" que Casel realizou com o termo *mysterium*, em suas teses sobre a liturgia, e que não seja necessário compartilhar de suas ideias sobre o primado da liturgia a respeito da doutrina para perceber que o que ele escreve sobre a derivação do termo do vocabulário dos mistérios helenísticos é substancialmente exato. Casel, de resto, nada mais faz do que recuperar uma antiga tradição, que remete às *Exercitationes de rebus sacris* (1655), de Isaac Casaubon, um dos fundadores da filologia moderna.

---

[12] Clemente de Alexandria, "The Exhortation to the Greeks", em G. B. Butterworth (org.), *Loeb Classical Library* (Londres, Cambridge, 1948), p. 30.

[13] Ibidem, p. 254.

5.

Uma análise atenta das passagens em que Paulo se serve do termo *mysterion* não só confirma as teses de Casel como permite precisá-las ulteriormente. Não é aqui o lugar para uma análise exaustiva de todas as ocorrências do termo *mysterion* nas epístolas paulinas (quem estiver interessado pode encontrá-la em *O reino e a glória*[14]); limitar-me-ei aqui a citar 1 Cor. 2,1-7: "Nós expressamos (*laloumen*, lit. 'falamos', 'colocamos em palavras') a sabedoria de Deus para os perfeitos (*teleiosis*, os iniciados), a sabedoria não deste mundo nem dos princípios deste mundo, que se tornarão inoperantes; nós expressamos a sabedoria de Deus num mistério (*laloumen en mysterioi*; Vulgata *loquimur in mysterio*), a sabedoria que estava escondida e que Deus havia decidido, antes dos séculos, para nossa glória, a sabedoria que nenhum dos príncipes deste mundo conheceu; se a tivessem conhecido, não teriam crucificado o Senhor da glória". Fica bem evidente que o mistério aqui não é um segredo; ele é, ao contrário, algo que se diz e se manifesta. Não é a sabedoria de Deus, mas aquilo por meio do qual ela é expressa e revelada, de modo tal que – como acontece nos mistérios – os não iniciados não a compreendem. E qual é o conteúdo desse

---

[14] Giorgio Agamben, *O reino e a glória: uma genealogia teológica da economia e do governo. Homo sacer II, 2* (trad. Selvino J. Assmann, São Paulo, Boitempo, 2011), p. 36-41 e 52-3.

mistério? "Nós anunciamos Jesus crucificado, escândalo para os judeus, loucura para os gentios" (ibidem, 1,23).

A sabedoria de Deus se expressa, portanto, na forma de mistério, que nada mais é do que o drama histórico da paixão, isto é, um evento realmente acontecido, que os não iniciados não entendem e os fiéis compreendem para sua salvação. No tempo do fim, mistério e história se identificam sem resíduos.

Isso fica ainda mais evidente nas três passagens em que *mysterion* é aproximado ao termo *oikonomia*: Col. 1, 24-25, Ef. 1, 9-10 e 3,9. Ligar o mistério à economia – como Paulo faz nessas passagens – significa vincular o mistério à história. Mesmo se em Paulo a economia não coincide ainda com o mistério – como acontecerá mais tarde nos Padres, que a partir do século III construirão a doutrina da economia teológica, isto é, da ação salvífica de Deus no mundo –, falar, como ele faz, de uma "economia do mistério" implica que o mistério se manifeste nos eventos escatológicos que Paulo vive e anuncia. Há uma "economia histórica" do mistério. É por isso que Hipólito e Tertuliano poderão inverter, sem grande dificuldade, o sintagma paulino "economia do mistério" em "mistério da economia" – misteriosa é agora a própria práxis através da qual Deus dispõe e revela a presença divina no mundo das criaturas.

6.

A história do fim (que não coincide com o fim da história) apresenta-se, assim, em Paulo, como um mistério, como um drama sacro em que estão em jogo a salvação e a danação dos homens, um drama que se pode ver e entender (como acontece para os iniciados) ou ver e não entender (caso dos danados). Uma das principais objeções que os teólogos modernos opuseram à tese da proximidade entre mistérios pagãos e mistérios cristãos – isto é, o caráter decididamente histórico da religião cristã – é, assim, destituída de qualquer fundamento: o mistério de que fala Paulo é em si mesmo histórico, pois a história dos tempos últimos se apresenta sob seus olhos como "mistério", como um drama místico ou um "teatro" em que também os apóstolos desenvolvem um papel (1 Cor. 4,9: "Nós nos tornamos um teatro para o século, os anjos e os homens"). É nessa perspectiva que se deve entender o frequente recurso dos Padres a metáforas teatrais – quando Inácio de Antioquia chama a cruz de "*mechané* do retorno aos céus" e o pseudo-Atanásio a descreve como "máquina celeste", *mechané ourania*, deve-se ter em mente que *mechané* é o termo técnico com que, nas tragédias gregas, se designa a máquina teatral com a qual o deus descia para a cena e subia aos céus.

40

7.

O que acrescenta a essa concepção de mistério o *mysterium iniquitatis* da "Segunda epístola aos tessalonicenses"? Aqui o drama escatológico é, por assim dizer, colocado em cena na forma de um conflito ou uma dialética entre três personagens: o *katechon* ("aquele que contém"), o *anomos* (o "fora da lei") e o messias; Deus e Satanás também são nomeados, mas ficam no fundo. Nesse caso, deve-se pensar nas indicações cenográficas, naquele "mistério", no sentido teatral do termo, que é o *Ludus de Antichristo*, composto e representado na Alemanha, no século XII. "O templo de Deus e as sete sedes magníficas sejam colocadas na cena do seguinte modo: a oriente, o templo de Deus; perto dele, a sede do rei de Jerusalém e a sede da sinagoga. A ocidente, a sede do imperador romano; perto dela, a sede do rei dos germanos e a do rei dos francos... De repente, entra o Anticristo."[15] Aqui, o tempo se faz espaço e a história se torna imediatamente mistério, isto é, teatro.

8.

A estrutura do tempo escatológico – esta é a mensagem de Paulo – é dupla: há, de um lado, um elemento retardador (*katechon*, identificado com uma instituição, seja o Império, seja

---

[15] *Ludus de Antichristo: Das Spiel vom Antichrist* (Stuttgart, Reclam, 1968), p. 4.

a Igreja) e, do outro, um elemento decisivo (o messias). Entre os dois, situa-se o aparecimento do homem da anomia (o Anticristo, segundo os Padres), cuja revelação, que coincide com a saída de cena do *katechon*, precipita o confronto final. O messias – que, em Paulo, assim como na tradição judaica, deixa inoperante a lei – inaugura uma zona de anomia que coincide com o tempo messiânico e libera, dessa forma, o *anomos*, o sem lei, desse modo, muito parecido com o cristão (Lembremos que Paulo uma vez se definiu como *hos anomos*, "sem lei": "Para aqueles que são sem – ou fora da – lei, eu me transformei num sem – ou fora da – lei", 1 Cor. 9,21). O *katechon* é a potência – o Império, mas também a Igreja, como toda autoridade juridicamente constituída – que contrasta e esconde a anomia, que define o tempo messiânico e, desse modo, retarda a revelação do "mistério da anomia". O desvelamento desse mistério coincide com a manifestação da inoperosidade da lei e com a essencial ilegitimidade de todo poder no tempo messiânico. (É, segundo toda evidência, o que está acontecendo hoje sob nossos olhos, quando os poderes estatais agem abertamente fora da lei. O *anomos* não representa, nesse sentido, nada mais que o desvelamento da anomia, que define hoje todo poder constituído, no interior do qual Estado e terrorismo formam um único sistema.)

42

9.

Percebo que eu mesmo estou fazendo conjeturas parecidas com as que Agostinho condenava pela arrogância. Será, então, se não mais prudente, certamente mais útil, me concentrar na estrutura do tempo escatológico que está em questão na epístola. Tal estrutura implica – já o vimos – um elemento retardador e um elemento decisivo. O *katechon* age como bloqueio e, ao mesmo tempo, como dilação da história: o tempo é mantido em suspensão de forma que a crise decisiva nunca aconteça. O momento em que a extensão atinge seu limite coincide com a revelação do "sem lei". Este – daí sua identificação com o Anticristo ("anti" não significa tanto a contraposição, mas a semelhança) – se apresenta como contrafação da parusia: a história bloqueada assume a figura do fim da história – ou, em termos modernos, da pós-história, quando nada mais pode acontecer. Compreende-se melhor, nessa perspectiva, o duplo caráter do tempo messiânico, que frequentemente se tentou definir, de forma talvez contraditória, como um "já" e um "ainda não". Não se trata de uma estrutura temporal abstrata, mas de um drama ou de um conflito nos quais agem forças históricas absolutamente concretas. O "ainda não" define a ação do *katechon*, da força que retém; o "já" se refere à urgência do elemento decisivo. E o texto da epístola não deixa dúvidas quanto ao êxito final do drama: o Senhor eliminará o *anomos* "com o sopro de sua boca e o deixará inoperante com a aparecimento de sua vinda".

43

10.

Esses são os atores e as peripécias do "mistério" escatológico que o autor da epístola evocou com seus *obscura verba* e que, uma vez restituídos ao contexto dramático, não são, aliás, tão obscuros. E também a Igreja, que deixou de lado a perspectiva escatológica que lhe é consubstancial, parece ter perdido toda a consciência desse contexto. O *mysterium iniquitatis* foi extrapolado pelo contexto escatológico, único no qual podia encontrar um sentido coerente, e transformado numa estrutura intemporal, que tem em vista conferir um foro teológico ao mal e, juntamente, retardar e "frear" o fim dos tempos.

Por outras palavras, depois das duas guerras mundiais, o escândalo diante do horror estimulou filósofos e teólogos, baseando-se no momento kenótico de Cristo, a radicar em Deus o *mysterium*, uma espécie de monstruosa – perdoem-me o termo – "kakokenodicea", justificação do mal por meio da *kenosis*, com total esquecimento de seu significado escatológico. Assim, a Universidade Gregoriana publicou, em 2002, com o título *Mysterium iniquitatis*, os anais de um congresso em que o texto da "Segunda epístola aos tessalonicenses", de Paulo, nunca foi citado. Isso não impressiona, inclusive porque um dos relatores afirmava candidamente que "o mistério do mal é uma realidade de nossa experiência cotidiana, que não conseguimos explicar nem dominar". Infelizmente, tam-

44

bém os autores que acusam a Igreja de abandonar a escatologia acabam transformando o drama do fim dos tempos numa estrutura ontoteológica. Trata-se, certamente, de um gesto gnóstico (ou pelo menos, como foi sugerido, semimarcionita[16]), que opõe não duas divindades, mas dois atributos da mesma divindade, numa espécie de "ambiguidade originária" inspirada, sobretudo nos filósofos, por uma mistura entre o último Schelling e Dostoiévski. Em todo caso, esses teólogos e esses filósofos, talvez sem se dar conta, acabam, ao retomar as palavras do Apóstolo, fazendo "sentar [o mal] no templo de Deus, mostrando(-o) como Deus".

11.

Renunciando a toda experiência escatológica da própria ação histórica, a Igreja – ao menos no plano da práxis, porque, em relação à doutrina, a teologia do século XX, de Karl Barth a Jürgen Moltmann e a Hans Urs von Balthasar, conheceu uma retomada dos temas escatológicos – criou ela mesma o espectro do *mysterium iniquitatis*. Se quiser se desvencilhar desse espectro, é necessário que ela reencontre a experiência escatológica de sua ação histórica – de toda ação histórica –

---

[16] Fabio Milana, *Postfazione*, em Ivan Illich, *Pervertimento del cristianesimo* (Macerata, Quodlibet, 2008), p. 149.

como drama no qual o conflito decisivo está sempre em curso. Somente assim poderá dispor de um critério de ação que não seja subalterno – como de fato acontece agora – em relação à política profana e ao progresso das ciências e das técnicas, que ela parece em todo lugar perseguir, procurando em vão impor-lhes limites. Não se compreende, de fato, o que acontece hoje na Igreja se não se vê que ela segue, em qualquer âmbito, os desvios do universo profano que sua *oikonomia* gerou.

No entanto, existem, na Igreja, dois elementos inconciliáveis que não cessam de se entrecruzar historicamente: a *oikonomia* – a ação salvífica de Deus no mundo e no tempo – e a escatologia – o fim do mundo e do tempo. Quando o elemento escatológico foi deixado de lado, o desenvolvimento da *oikonomia* secularizada se perverteu e se tornou literalmente sem fim, ou seja, sem escopo. A partir desse momento, o mistério do mal, deslocado de seu lugar próprio e erigido como estrutura ontológica, impede à Igreja qualquer verdadeira escolha, fornecendo, ao mesmo tempo, um álibi para suas ambiguidades.

Acredito que só restituindo o *mysterium iniquitatis* a seu contexto escatológico uma ação política possa tornar-se novamente possível, tanto na esfera teológica quanto na profana. O mal não é um sombrio drama *teológico* que paralisa e torna enigmática e ambígua toda ação, mas é um drama *histórico* em que a decisão de cada um vem a ser toda vez questionada.

A teoria schmittiana, que funda a política num "poder que freia", não tem nenhuma base em Paulo, no qual o *katechon* não é senão um dos elementos do drama escatológico e não pode ser extrapolado disso. E é nesse drama histórico, em que o *eschaton*, o último dia, coincide com o presente, com o "tempo do agora" paulino, e em que a natureza bipartida tanto do corpo da Igreja quanto de toda instituição profana chega enfim ao apocalíptico desvelamento, é nesse drama sempre em curso que cada um é chamado a cumprir sua parte, sem reservas e sem ambiguidades.

Apêndice

Declaração de Celestino V

Ego Caelestinus Papa Quintus motus ex legittimis causis, idest causa humilitatis, et melioris vitae, et coscientiae illesae, debilitate corporis, defectu scientiae, et malignitate Plebis, infirmitate personae, et ut praeteritae consolationis possim reparare quietem; sponte, ac libere cedo Papatui, et expresse renuncio loco, et Dignitati, oneri, et honori, et do plenam, et liberam ex nunc sacro coetui Cardinalium facultatem eligendi, et providendi duntaxat Canonice universali Ecclesiae de Pastore.

Eu, Papa Celestino V, movido por causas legítimas, isto é, em razão da humildade, de uma vida melhor e para manter íntegra minha consciência, por causa da fraqueza do corpo, da diminuição do conhecimento e da maldade do povo, pela enfermidade da pessoa e a fim de que possa reencontrar a quietude de minha consolação passada, espontânea e livremente abandono o pontificado e renuncio expressamente à sede, à dignidade, ao ônus e à honra e dou, ao sagrado Colégio dos Cardeais, plena e livre faculdade para eleger e prover, segundo os cânones, a Igreja católica de seu pastor.

Declaração de Bento XVI

Fratres carissimi,

Non solum propter tres canonizationes ad hoc Consistorium vos convocavi, sed etiam ut vobis decisionem magni momenti pro Ecclesiae vita[1] communicem. Conscientia mea iterum atque iterum coram Deo *explorata ad cognitionem certam perveni vires meas ingravescente aetate non iam aptas esse ad munus Petrinum aeque administrandum. Bene conscius sum hoc munus secundum suam essentiam spiritualem non solum agendo et loquendo exsequi debere, sed non minus patiendo et orando. Attamen in mundo nostri temporis rapidis mutationibus subiecto et quaestionibus magni ponderis pro vita fidei perturbato ad navem Sancti Petri gubernandam et ad annuntiandum Evangelium etiam vigor quidam corporis et animae necessarius est, qui ultimis mensibus in me modo tali minuitur, ut incapacitatem*

---

[1] Foi emendada evidente gralha da versão original.

Caríssimos irmãos,

Eu os convoquei para este Consistório não somente para as três canonizações, mas também para lhes comunicar uma decisão de grande importância para a vida da Igreja. Depois de ter, repetidamente, examinado minha consciência diante de Deus, cheguei à certeza de que minhas forças, pela idade avançada, não se adaptam mais ao exercício, de modo adequado, do ministério de Pedro. Estou bem consciente de que esse ministério, por sua essência espiritual, deve ser exercido não somente através das obras e das palavras, mas também sofrendo e orando. Contudo, no mundo de hoje, sujeito a rápidas mudanças e agitado por questões de grande relevância para a vida da fé, para governar a barca de são Pedro e anunciar o Evangelho, também é necessário um vigor seja do corpo, seja da alma, vigor que, nos últimos meses, em mim diminuiu de modo tal que devo reconhecer minha incapacidade em administrar bem o ministério a

52

meam ad ministerium mihi commissum bene administrandum agnoscere debeam. Quapropter bene conscius ponderis huius actus plena libertate declaro me ministerio Episcopi Romae, Sucessoris Sancti Petri, mihi per manus Cardinalium die 19 aprilis MMV commisso[2] renuntiare ita ut a die 28 februarii MMXIII, hora 20[3], sedes Romae, sedes Sancti Petri vacet et Conclave ad eligendum novum Summum Pontificem ab his quibus competit convocandum esse. Fratres carissimi, ex toto corde gratias ago vobis pro omni amore et labore, quo mecum pondus ministerii mei portastis et veniam peto pro omnibus defectibus meis. Nunc autem Sanctam Dei Ecclesiam curae Summi eius Pastoris, Domini nostri Iesu Christi confidimus sanctamque eius Matrem Mariam imploramus, ut patribus Cardinalibus in eligendo novo Summo Pontifice materna sua bonitate assistat. Quod ad me attinet etiam in futura[4] vita orationi dedicata Sanctae Ecclesiae Dei toto ex corde servire velim.

Ex Aedibus Vaticanis, die 10 mensis februarii MMXIII

BENEDICTUS PP XVI

---

[2]   Idem.

[3]   Idem.

[4]   Idem.

mim confiado. Por isso, bem consciente da gravidade deste ato, com plena liberdade, declaro renunciar ao ministério de bispo de Roma, sucessor de são Pedro, a mim confiado pelas mãos dos cardeais, em 19 de abril de 2005, de modo que, a partir de 28 de fevereiro de 2013, às oito horas da noite, a sede de Roma, a sede de são Pedro, ficará vacante e deverá ser convocado, a quem compete, o Conclave para a eleição do novo sumo pontífice. Irmãos caríssimos, eu lhes agradeço de todo o coração por todo o amor e o trabalho com que carregaram comigo o peso do ministério e peço perdão por todos os meus defeitos. E, agora, confiamos a santa Igreja de Deus aos cuidados de seu sumo pastor, nosso Senhor Jesus Cristo, e imploramos a sua santa mãe Maria para que assista, com sua bondade materna, aos padres cardeais ao eleger o novo sumo pontífice. Quanto a mim, mesmo na minha vida futura, dedicada à oração, quero servir, de todo o coração, à santa Igreja de Deus.

Da sede vaticana, em 10 de fevereiro de 2013

Bento PP XVI

Ticônio[1]

Segunda regra

O corpo bipartido do Senhor

Ainda mais importante é a regra do corpo bipartido do Senhor, e é nosso dever examiná-la muito mais cuidadosamente e estudá-la em todas as Sagradas Escrituras. Assim como, de fato, segundo o que foi afirmado anteriormente, a razão por si tem a faculdade de distinguir as relações entre a cabeça e o corpo, também acontece no que se refere às relações entre uma parte e a outra do corpo, entre a direita e a esquerda ou entre a esquerda e a direita.

---

[1] Na edição italiana, os trechos do *Liber regularum* foram tirados da versão organizada por Luisa e Daniela Leoni, em *Sette regole per la Scrittura* (Bolonha, EDB, 1997), p. 29-32 e 83-7.

Com efeito, a um único corpo a Escritura diz: "Mostrar-te-ei tesouros escondidos para que tu saibas que eu sou o Senhor... e te chamarei". Depois, acrescenta: "Mas tu não me conheceste, eu sou Deus e não há Deus além de mim e tu não me conhecias". Mesmo reconhecendo que fale a um único corpo, referem-se talvez a uma única pessoa as expressões: "Mostrar-te-ei tesouros escondidos para que tu saibas que eu sou o Senhor Deus por amor de meu servo Jacó" e "mas tu não me conheceste"? Talvez por Jacó não ter acolhido o que Deus prometeu? Ou podem referir-se a uma única pessoa as expressões: "mas tu não me conheceste" e "não me conhecias"? "Não me conhecias", de fato, refere-se a quem agora conhece; "não me conheceste", ao contrário, se refere a quem, mesmo tendo sido chamado a conhecer, e sendo visivelmente do mesmo corpo, "se aproxima com os lábios" de Deus "enquanto com o coração está longe". A esse se dirige dizendo: "mas tu não me conheceste".

E ainda: "Conduzirei os cegos por vias que não conhecem, os guiarei por veredas desconhecidas e transformarei, diante deles, as trevas em luz, os lugares ásperos em planícies. Realizarei essas promessas e não os abandonarei. Mas eles se viraram para trás". Aqueles a quem disse "não os abandonarei" são talvez os mesmos que "se viraram para trás" ou não só uma parte deles?

O Senhor disse ainda a Jacó: "Não temas, porque eu estou contigo. Do oriente, farei vir tua estirpe e no ocidente eu te reunirei. Direi ao norte: 'Restituas'. E ao sul: 'Não contenhas; faz voltar meus filhos de uma terra distante e minhas filhas da extremidade da terra'. Todos aqueles sobre os quais foi invocado meu nome. Já que para minha glória os criei, formei e realizei e criei um povo cego, seus olhos são igualmente cegos, surdas suas orelhas". Porventura são cegos e surdos os mesmos que Deus criou para sua glória?

Isaías afirma: "No princípio, teus pais e seus príncipes cometeram vilanias para comigo, teus príncipes profanaram meu santuário, por isso destinei Jacó à morte e Israel às injúrias. Agora, me ouça, Jacó meu servo, e Israel por mim eleito". Isto é, Deus destinou à morte aquele Jacó e às injúrias aquele Israel que ele não havia eleito.

E ainda: "Eu te formei como meu servo, tu és meu, Israel, não te esqueças de mim. Dissipei como nuvem tuas iniquidades e teus pecados, como uma nuvem. Retorna a mim e eu te redimirei". Talvez Deus tenha dissipado os pecados daquele a quem disse "Tu és meu", e lembra-se de não se esquecer dele, aquele mesmo ao qual diz: "Retorna a mim"? Porventura os pecados podem ser dissipados antes que o homem retorne ao Senhor?

E ainda: "Já que eu sei que tu serás verdadeiramente reprovado, por meu nome te mostrarei minha glória e passarei a ti minhas riquezas". Porventura Deus mostra sua glória a quem foi reprovado e lhe entrega suas riquezas?

58

E ainda: "Não um príncipe nem um anjo, mas ele próprio os resgatou, os aliviou e os carregou consigo em todos os dias do passado. Mas esses se rebelaram e entristeceram o Espírito Santo". Mas quando, afinal, aqueles a quem ele trouxe "sobre ele em todos os dias do passado [...] se rebelaram e entristeceram o Espírito Santo"?

Deus, pois, manifestamente, promete a um único corpo a estabilidade e a destruição, dizendo: "Jerusalém, rica cidade, tenda que nunca será demolida, as estacas de sua tenda nunca serão tiradas nem suas cordas serão arrancadas". Logo depois, acrescenta: "Arrancadas são tuas cordas porque o mastro de teu barco já não é robusto, dobraram tuas velas, não se levantará o sinal até que seja abandonado à perdição".

O corpo do Senhor ainda é mostrado bipartido em um brevíssimo texto: "Negra e bela eu sou". Não é senão a Igreja, "que não tem mancha e não tem ruga", Igreja que o Senhor purificou para si com seu sangue, seja "negra" em uma de suas partes senão na esquerda, por causa da qual "o nome de Deus é blasfemado entre os povos". Quanto ao resto, é toda bela, como diz: "Toda bela és tu, minha amiga, em ti nenhuma mancha". O texto explica, de fato, por qual razão ela é "negra e bela": "Como a tenda de Kedar, como os pavilhões de Salomão". Apresenta duas tendas, uma régia e outra servil – ambas, todavia, da estirpe de Abraão: de fato, Kedar é filho de Ismael. Mas, noutra passagem, a Igreja se lamenta da longa permanência com Kedar, isto é, com o servo de Abraão, e diz: "Infeliz de mim, muito longa foi minha peregrinação, morei nas tendas de Kedar, muito peregrinou minha alma. Entre aqueles que odiavam a paz, eu era pela paz, mas quando eu falava dela, eles queriam a guerra". Não podemos, porém, dizer que a tenda de Kedar esteja fora da Igreja. Um mesmo texto fala da tenda de Kedar e da de Salomão e, por isso, afirma: "Negra e bela eu sou". A Igreja, de fato, não é "negra" naqueles que estão fora dela.

Referindo-se a tal mistério, o Senhor fala no Apocalipse de sete anjos – da Igreja septiforme – mostrando-os às vezes santos e guardiões dos preceitos e às vezes réus de muitos crimes e merecedores de penitência. Também no Evangelho, Deus trata de um único corpo de diferente mérito entre aqueles que são designados para um ofício, dizendo: "Bendito o servo que o patrão, em seu retorno, encontrar agindo assim". E, a propósito do mesmo, afirma: "Se, ao contrário, aquele servo for dissoluto, o Senhor o dividirá em duas partes". Devemos entender que Deus dividirá ou separará em duas partes "o corpo" todo? Então, não tudo, mas "uma parte colocará entre os hipócritas" e, no único servo, compreende o corpo todo.

Por isso, em relação a esse mistério, é necessário entender, através de todas as Escrituras, quando Deus diz se em base aos méritos é destinado a perecer todo o Israel ou sua herança execrável. O Apóstolo, com efeito, esclarece amplamente, sobretudo na epístola aos romanos, que deve relacionar com uma parte o que é dito a respeito de todo o corpo: "O que diz de Israel? Todo o dia, estendi minhas mãos na direção de um povo desobediente". Além disso, para tornar evidente que se falava de uma parte, o texto afirma: "Pergunto: porventura Deus teria repudiado seu povo, que ele escolheu desde o princípio?". Depois de ter explicado qual seria o verdadeiro significado de tal expressão, do mesmo modo esclarece que um só corpo pode ser bom e ruim e diz: "Quanto ao Evangelho, eles são inimigos para vossa vantagem, mas quanto à eleição, são amados por causa dos pais". Os mesmos que são amados são, portanto, também inimigos ou ambas as expressões podem se referir a Caifás?

Assim, o Senhor, em todas as Escrituras, atesta que um único corpo da descendência de Abraão em todos cresce, se torna vigoroso e perece.

Sétima regra

O diabo e seu corpo

Podemos abordar brevemente a relação existente entre o diabo e seu corpo, se considerarmos também com esse propósito o que foi dito em relação ao Senhor e a seu corpo.

De fato, também nesse caso, a passagem da cabeça ao corpo pode-se distinguir com a razão, conforme lemos em Isaías a propósito do rei da Babilônia: "Por que Lúcifer, filho da aurora, caiu do céu? Ficou estendido no chão, ele que enviava mensageiros a todos os povos? Contudo, tu pensavas: 'Subirei aos céus, sobre as estrelas de Deus alçarei o trono, morarei no monte alto, sobre os altos montes do norte. Subirei para as regiões superiores das nuvens, me farei igual ao Altíssimo'.

62

E, no entanto, agora precipitarás nos infernos, nas profundidades do abismo! E aqueles que te verão te observarão atentamente e dirão: 'É esse o homem que assola a terra, que faz tremer os reis, que reduz o mundo a um deserto, que destrói as cidades, que não abre a seus prisioneiros a prisão?'. Todos os reis dos povos, todos dormirão com honra, cada homem em sua casa. Tu, ao contrário, foste jogado para fora nos montes, como um morto desprezível, estás circundado por mortos perfurados por espada, que descem aos infernos. Assim como um hábito coberto de sangue não é o mundo, também nem sequer tu o serás, porque arruinaste meu país, assassinaste meu povo. Não serás eternamente descendência do iníquo. Prepara o massacre de teus filhos por causa da iniquidade de teu pai, para que não surjam mais".

O rei da Babilônia simboliza todos os reis e todos os povos – um só é, com efeito, o corpo.

Retomemos o texto. "Por que Lúcifer, filho da aurora, caiu do céu? Ficou estendido no chão, ele que enviava mensageiros a todos os povos? Contudo, tu pensavas: 'Subirei aos céus, sobre as estrelas de Deus alçarei o trono'."

O diabo não promete a si mesmo subir aos céus, sem esperar, pois, que possa ascender aos céus, cheio de luz, aquele que não evitou cair.

O homem não pode esperar muito mais. No entanto, Isaías diz que aqui se fala de um homem: "É esse o homem que perturba a terra". Mas, fora o motivo pelo qual nem o diabo nem o homem podem esperar ascender aos céus e, erguendo o trono sobre as estrelas de Deus, tornar-se semelhante a ele, mesmo a própria Escritura adverte para procurar outra coisa. De fato, se também conseguir erguer o trono sobre as estrelas de Deus, como poderá morar no monte alto, sobre os altos montes do norte ou sobre as regiões superiores das nuvens, para se fazer igual ao Altíssimo? O Altíssimo, ademais, não tem um trono desse tipo.

Agora, o texto chama de céu a Igreja, como veremos na continuação da Escritura; é desse céu que cai Lúcifer, estrela da manhã. De fato, Lúcifer é bipartido, e dele uma parte é santa, como afirma o Senhor de si mesmo e de seu corpo no Apocalipse: "Eu sou a raiz da estirpe de Davi, a estrela radiante da manhã [...] o esposo e a esposa". E ainda: "Ao vencedor [...] darei a estrela da manhã", isto é, farei com que se torne estrela da manhã, como Cristo, que acabamos de escutar.

Por sua vez, uma parte de Lúcifer, o corpo contrário que é o diabo, indicado em Isaías como "os reis e o povo", cai do céu e se rompe na terra. A esses reis diz a Sabedoria: "Escutai, oh reis, e tentai compreender; aprendei, governantes de toda a terra. Estendei os ouvidos, vós que dominais as multidões e estais orgulhosos pelo grande número de vossos povos. Vossa soberania provém do Senhor; vossa potência, do Altíssimo, que examinará vossas obras e perscrutará vossos propósitos; já que, mesmo sendo ministros de seu reino, não governastes de forma correta nem observastes a lei".

Portanto, o rei da Babilônia significa todo o corpo, mas, segundo as circunstâncias, entenderemos a que parte do corpo o texto da Escritura se refere. As palavras "Lúcifer caiu do céu" podem remeter ao corpo na totalidade; a expressão "subirei aos céus, sobre as estrelas de Deus erguerei o trono", por sua vez, ao chefe e aos grandes, que pensam poder dominar as estrelas de Deus, isto é, os santos, enquanto a dominá-los aparecem os menores, como está escrito: "O maior servirá ao menor". A Esaú, isto é, aos maus irmãos, assim fala o Senhor por meio do profeta Abdias: "Exaltou sua habitação, dizendo em seu coração: 'Quem poderá jogar-me ao chão? Mesmo que te eleves como uma águia e coloques teu ninho entre as estrelas, lá de cima te farei cair', diz o Senhor".

"Morarei no monte alto, além dos altos montes do norte. Subirei para as regiões superiores das nuvens, me farei igual ao Altíssimo." O "monte alto" representa o povo soberbo; "os altos montes" são os soberbos individualmente, que, reunidos, formam um monte, o corpo do diabo. Diz a Escritura que muitos são os montes maus: "Ruem os montes no fundo do mar". E ainda: "Vacilaram as fundações dos montes, foram sacudidas porque Deus estava com raiva deles".

Algumas vezes, porém, também o corpo de Deus (isto é, a Igreja) é definido como um monte e são ditos montes aqueles que formam a Igreja, como está escrito – "mas eu fui constituído rei por ele no Sião, seu santo monte, anunciarei seus decretos". E ainda: "Eu quebrarei o assírio em minha terra em meus montes"; "as montanhas e as colinas tragam paz a teu povo"; "os montes saltarão como carneiros, as colinas, como cordeiros de um rebanho". O próprio Deus tem seu trono no monte Sião, nos montes de Israel e nas santas nuvens, que são a Igreja, segundo o que está escrito: "Tema toda a terra diante do Senhor, porque ele surgiu de suas santas nuvens". E ainda: "Comandarei às nuvens de não vos mandar chuva"; "nuvens e trevas o envolvam". Além disso, a respeito de sua moradia no monte Sião, diz: "Conhecereis que eu sou vosso Senhor Deus e que tenho minha morada em Sião, meu monte santo".

Também o diabo tem seu trono no monte, mas no Seir, que representa Esaú, ou seja, os irmãos maus. Esse é o monte que Deus reprova por meio de Ezequiel e diz: "Na alegria de toda a terra [...] farei de ti uma desolação", pois tal monte manifesta sua inimizade contra Jacó. É esse o monte e esses são os montes do norte – neles o diabo tem seu trono, e é como se dominasse nas nuvens do céu; por isso se declara igual ao Altíssimo.

66

Duas são as partes da Igreja – uma é a do Austro, isto é, o sul; a outra, a do Aquilão, isto é, o norte. O Senhor mora na parte meridional, como está escrito: "Onde vais levar a pastar o rebanho, onde moras ao sul". O diabo, por sua vez, está na parte setentrional, como diz o Senhor a seu povo: "Afastarei de vós aquilo que vem do norte e o empurrarei em direção a uma terra árida", isto é, em direção aos seus: "Empurrarei sua vanguarda em direção ao primeiro mar e sua retaguarda em direção ao último mar", que representam os povos do oriente e do ocidente, respectivamente. De forma semelhante à Igreja, foi criado esse mundo no qual o sol, nascendo, não tem outro caminho senão através do Austro, isto é, do sul, e, percorrida a parte austral, avança invisível voltando à sede. Assim o Senhor mostra Jesus Cristo, sol eterno, e percorre sua parte, que por isso também é chamada meridional. Ele não surge ao norte, pela parte contrária, como os maus dirão quando chegarem a julgamento: "A luz da justiça não brilhou para nós nem nunca para nós surgiu o sol". "Ao contrário, para vós, cultores de meu nome, surgirá com raios benéficos o sol da justiça", como está escrito. Para os maus também ao sul haverá noite, segundo Isaías: "Esperavam a luz e eis as trevas; o esplendor, mas tiveram de caminhar no escuro. Sondarão como cegos a parede, como privados de olhos caminharão tateando; tropeçarão ao sul como à noite". E ainda: "O sol pôr-se-á ao sul e a terra escurecerá em pleno dia"; "para vós será noite em vez de visões, trevas em vez de respostas. O sol por-se-á sobre esses profetas e escuro se fará o dia sobre eles".

Do sul, Deus ameaça esse povo, quando através de Ezequiel apostrofa Tiro dizendo: "O vento do sul te oprimiu". Mas também permite ao vento abater-se ameaçador, quando diz: "Sai, Aquilão, e tu, Austro, vem, sopra em meu jardim, e se propaguem meus aromas" – ao espírito mau se opõe o Espírito Santo, que sopra no jardim do Senhor, de tal modo que são propagados seus aromas, ou seja, o odor da suavidade divina.

Além disso, através de Ezequiel, Deus afirma levar para seu povo uma parte daqueles maus, provenientes dos sobreviventes daquele povo. E esse é o mistério da iniquidade: "Eis-me contra ti, Gog, príncipe-chefe de Mesech e de Tubal. Eu te reunirei e te conduzirei aos extremos confins do norte, te farei subir e te levarei aos montes de Israel. Despedaçarei o arco de tua mão esquerda e farei cair as flechas de tua mão direita. Far-te-ei cair nos montes de Israel".

Tudo que foi dito por meio do profeta Isaías cumpriu-se na Igreja a partir do momento da paixão do Senhor para que a Igreja não se distanciasse do meio desse mistério da iniquidade. Ela agora impede a manifestação da impiedade, que, contudo, a seu tempo, será revelada, como diz o Apóstolo: "E agora sabeis o que impede sua manifestação, que acontecerá em sua hora. O mistério da iniquidade já está em ato, mas é necessário que

68

seja tirado de circulação quem até agora o retém. Só então será revelado o ímpio".

Também em Jeremias lemos que os pecadores de Israel estão reunidos ao norte, segundo o que declara o Senhor: "Vai e grita essas coisas em direção ao norte, dizendo: 'Retorna a mim, Israel', diz o Senhor". O sul, ao contrário, é a parte do Senhor, segundo o que está escrito em Jó: "Da parte sul germinará tua vida". O norte é a parte do diabo. Ambas, porém, estão presentes no mundo todo.

Agostinho de Hipona

A cidade de Deus, Livro XX

Capítulo XIX[1]

O que o apóstolo Paulo escreveu aos tessalonicenses acerca da manifestação do Anticristo, cuja época será seguida pelo *dia do Senhor.*

Vejo que tenho de omitir muitas asserções evangélicas e apostólicas acerca do referido último juízo divino para que este livro não atinja demasiado volume. Mas de modo al-

---

[1] Em *De civitate Dei,* santo Agostinho dedica algumas páginas ao comentário direto dos versículos da "Segunda espístola aos tessalonicenses", à qual nos referimos em nossas reflexões. [Na edição italiana, Giorgio Agamben transcreve a tradução de Carlo Carena, *La città di Dio* (Turim, Einaudi Gallimard, 1992), p. 987-90. Propomos aqui a tradução feita em Portugal, com a grafia das palavras devidamente atualizada e adaptada. Santo Agostinho, *A cidade de Deus,* v. 3: *livros XVI-XXII* (tradução, prefácio, nota biográfica e transcrições J. Dias Pereira, 2. ed., Lisboa, Fundação Calouste Gulbenkian, 2000), p. 2.053-9. – N. T.]

70

gum se deve omitir o que diz o apóstolo Paulo ao escrever
aos tessalonicenses:

> Rogamo-vos, irmãos, a propósito da vinda de Jesus Cristo Nosso
> Senhor e da nossa união a Ele, que não vos deixeis facilmente fi-
> car perturbados de espírito nem vos alarmeis por uma inspiração,
> por uma palavra nem por uma carta apresentada como vinda de
> nós, como se afirmássemos que o dia do Senhor está iminente;
> que de modo algum ninguém se extravie; porque, primeiro, terá
> de vir o fugitivo e revelar-se o homem do pecado, filho do mor-
> to, que se oporá e levantará contra tudo o que se chama Deus ou
> recebe culto, chegando a ponto de se sentar no templo de Deus,
> apresentando-se como se fosse Deus. Não retendes na memória
> que, quando eu estava junto de vós, já vos dizia essas coisas?
> Sabeis o que agora o retém para que se revele a seu tempo. É
> que o mistério da iniquidade já está em ação. Apenas o que se
> mantém, que se mantenha até que ele seja afastado – e então
> se revelará o iníquo que o Senhor Jesus matará com um sopro de
> sua boca e aniquilará, com o esplendor de sua presença, aquele
> cuja presença é obra de Satanás com ostentação de poder, com
> sinais e prodígios de mentira e com toda a sedução que a iniqui-
> dade exerce sobre aqueles que se perdem por não terem acolhido
> o amor da verdade que os teria salvo. Por isso é que Deus lhes
> envia um poder de extravio tal que chegarão a acreditar na men-
> tira e serão condenados todos os que não tiverem acreditado na
> verdade, mas, adiram à iniquidade.[2]

---

[2] II Tessal., II, 1-11.

Não há a menor dúvida de que é a respeito do Anticristo que ele diz essas coisas e de que o dia do juízo (a que ele chama *dia do Senhor*) não se verificará senão depois de ter vindo primeiro aquele a quem ele chama *fugitivo* (*rebelde*) – fugitivo ao Senhor Deus, claro está. Se isso justificadamente se puder dizer de todos os ímpios, quanto mais daquele! Mas em que templo de Deus ele irá sentar-se é que não se sabe: se sobre as ruínas do templo construído pelo rei Salomão ou sobre a Igreja. Ao templo de um ídolo ou de um demônio é que o Apóstolo não chamaria templo de Deus. Por isso é que nessa passagem alguns querem ver no Anticristo não seu próprio príncipe, mas de certo modo todo o seu corpo, isto é, a multidão dos homens que lhe pertencem juntamente com seu próprio príncipe; julgam também que se deve antes dizer em latim, como se diz em grego – não *in templo Dei sedeat* (se sente no templo de Deus), mas antes *in templum Dei sedeat* (se assente como templo de Deus), como se ele próprio fosse o templo de Deus que é a Igreja; é assim que dizemos "senta-se como amigo" (*sedet in amicum*), isto é, é como amigo que ele se senta, ou outras locuções do gênero.

Mas o dito "E agora sabeis o que o retém"[3] quer dizer *sabeis o que o retarda, a causa desse retardamento* para que se revele em seu tempo; ao dizer que eles o sabem, não o quis ele

---

[3] Idem.

72

dizer abertamente. Por isso, nós que não sabemos o que eles sabiam com esforço desejamos chegar àquilo que o Apóstolo pensou, mas não o conseguimos – principalmente porque aquilo que ele acrescentou tornou-lhe o sentido ainda mais obscuro. Efetivamente, "é que o mistério da iniquidade já está em ação. Apenas o que se mantém, que se mantenha até que ele seja afastado; e então se revelará o iníquo?"[4]. Confesso que ignoro totalmente o que ele pretende dizer, mas nem por isso deixarei de expor as conjecturas dos homens que pude ouvir ou ler.

Julgam alguns que isso foi dito a propósito do Império Romano e que o apóstolo Paulo não o quis escrever abertamente para não incorrer na acusação de calúnia por desejar um mal ao Império Romano, pois esperava-se que fosse eterno. Assim, aquilo que ele disse – "é que o mistério da iniquidade já está em ação" – refere-se a Nero, cujas obras pareciam as do Anticristo. Daí muitos suspeitarem de que ele próprio há de ressuscitar e aparecer como o Anticristo. Alguns julgam até mesmo que ele não foi morto, mas sequestrado para que se julgasse morto, que vive escondido no vigor da idade que tinha quando se julgou que tinha morrido, até que *a seu tempo aparecerá* e será restabelecido no poder. Mas tamanha pretensão dos que assim pensam me parece muito de pasmar.

---

[4] Idem.

Todavia, o que o Apóstolo diz – "apenas o que se mantém que se mantenha até que ele seja afastado" – pode-se crer como dito na verdade acerca do Império Romano, como se tivesse sido dito "o que apenas impera pois que impere até que seja afastado do meio", isto é, *até que seja suprimido do meio*. A expressão "e então se revelará o iníquo" ninguém duvida que se refere ao Anticristo. Mas outros julgam que tanto o que foi dito – "sabeis o que agora o retém" – como "é que o mistério da iniquidade já se encontra em ação" se referem apenas aos maus e aos hipócritas que estão na Igreja até chegarem a um tão grande número que formem um grande povo do Anticristo. É o *mistério da iniquidade* porque parece estar oculto. Mas o Apóstolo exorta os crentes para que perseverem com tenacidade na fé que possuem, dizendo: "Apenas o que se mantém que se mantenha até que ele seja afastado", ou seja, até que do meio da Igreja saia o mistério da iniquidade que agora está oculto. Julgam que diz respeito a esse mistério oculto o que o evangelista João diz numa epístola: "Filhos, é a última hora; como ouvistes, o Anticristo está para chegar. Pois já muitos se tornaram Anticristos. Daí concluímos que esta é a última hora. Eles saíram de entre nós, mas não eram nossos. Se fossem dos nossos teriam certamente ficado conosco"[5]. Assim, pois, antes do fim, nessa hora, dizem eles, a que João chama *a última*, saíram do meio da Igreja muitos hereges, a muitos dos quais chama Anticristos. Da mesma forma dela

---

[5] I João II, 18-19.

74

sairão agora os que hão de pertencer não a Cristo, mas a esse último Anticristo, e então é que este se revelará.

Portanto, cada um à própria maneira pretende interpretar as palavras obscuras do Apóstolo. Mas não há dúvida alguma de que ele disse: Cristo não virá *para julgar os vivos e os mortos* senão depois de o Anticristo, seu adversário, ter vindo para extraviar os que se encontram mortos na alma. Mas o próprio fato de serem por ele seduzidos já pertence a um oculto desígnio de Deus. Realmente, como se disse, "a presença do iníquo é obra de Satanás, com ostentação de poder, com sinais e prodígios de mentira e com toda a sedução que a iniquidade exerce sobre aqueles que se perdem"[6]. Então Satanás será solto e, por intermédio do mencionado Anticristo, agirá com todo o seu poder, maravilhosamente, mas com mentira. Costuma-se perguntar por que é que se lhes chama *sinais e prodígios de mentira* – se é porque os sentidos dos mortais virão a ser enganados por meio de alucinações, de maneira que arrastarão à mentira os que creem que não poderiam ser realizados senão pelo poder divino, ignorando o poder do diabo, principalmente quando ele tiver recebido um poder tão grande como nunca teve. Quando o fogo caiu do céu e, de um só ato, consumiu uma tão grande família como a do santo Jó, com tão grandes rebanhos de gado, e quando um turbilhão caiu sobre

---

[6] II Tessal., II, 1-11.

a casa, a destruiu e lhe matou os filhos, isso de certo não eram alucinações, mas obras de Satanás, a quem Deus tinha dado tamanho poder.

Por qual dessas duas razões são esses *sinais e prodígios classificados de mentira*, a seu tempo se verá. Mas, qualquer que seja a razão, serão extraviados por esses sinais e prodígios os que merecem ser extraviados porque, diz ele: "Por não terem acolhido o amor da verdade que os teria salvo"[7]. E o Apóstolo não teve dúvidas em acrescentar e dizer: "Por isso é que Deus lhes envia um poder de extravio tal que chegarão a acreditar na mentira"[8]. Deus, de fato, *a mandará*, pois permitirá ao diabo que realize tudo isso por um justo juízo, embora este o faça por um iníquo e perverso desígnio. E prossegue: "E serão condenados todos os que não tiverem acreditado na verdade, mas aderiram à iniquidade"[9]. Portanto, os julgados serão extraviados e os extraviados serão chamados a juízo. Mas serão extraviados os que foram julgados em virtude desses juízos misteriosamente justos e justamente misteriosos pelos quais Deus, desde os começos do pecado da criatura racional, jamais deixou de julgar; e os que foram extraviados serão julgados em juízo final e público por intermédio de Cristo Jesus, que, injustissimamente julgado, julgará com toda a justiça.

---

[7] Idem.

[8] Idem.

[9] Idem.

Bibliografia

AGAMBEN, G. *Il regno e la gloria*: per una genealogia teologica dell'economia e del governo. Vicenza, Neri Pozza, 2007. [Ed. bras.: *O reino e a glória*: uma genealogia teológica da economia e do governo. Homo sacer II, 2. Trad. Selvino J. Assmann. São Paulo, Boitempo, 2011.]

BLOCH, M. *Apologie pour l'histoire ou le métier d'historien* (1949). Paris, A. Colin, 1993. [Ed. it.: *Apologia della storia o mestiere di storico*. Turim, Einaudi, 1950. Ed. bras.: *Apologia da história ou o ofício de historiador*. Trad. André Telles. Rio de Janeiro, Zahar, 2001.]

CASEL, O. *De philosophorum graecorum silentio mystico*. Gießen, A. Töpermann, 1919.

CLEMENTE DE ALEXANDRIA. *The Exhortation to the Greeks*. Org. G. B. Butterworth. Londres, Cambridge, 1948. (Loeb Classical Library).

JERÔNIMO (são). *Epistola ad Algasia*. In: G. L. Potestà e M. Rizzi (orgs.). *L'Anticristo*, v. 2. Milão, Fondazione Lorenzo Valla, 2012. p. 18.

LUDUS de Antichristo: *Das Spiel vom Antichrist*. Stuttgart, Reclam, 1968. [Ed. it.: *Il dramma dell'Anticristo*. Org. Stefano Piacenti. Rimini, Il Cerchio, 2009.]

78

MILANA, F. Postfazione. In: ILLICH, Ivan. *Pervertimento del cristianesimo*. Macerata, Quodlibet, 2008.

PUECH, H.-C. *En Quête de la gnose*. Paris, Gallimard, 1978. [Ed. it.: *Sulle tracce della gnosi*. Milão, Adelphi, 1985.]

RATZINGER, J. Beobachtungen zum Kirchenbegriff des Tyconius in *Liber regularum*. *Revue des Études Augustiniennes*, 1956. t. 2, p. 173-85.

_____. [Audiência 22 abr. 2009.] Disponível em: <www.vatican.va/holyfather/benedictxvi/audiences/2009>. Acesso em: 23 dez. 2014.

SCHMITT, C. *Der Nomos der Erde im Völkerrecht des Jus publicum Europaeum*. 2. ed. Berlim, Duncker & Humblot, 1974. [Ed. it.: *Il nomos della Terra nel diritto internazionale dello* "Ius publicum europaeum". Milão, Adelphi, 1991. Ed. bras.: *O nomos da Terra no direito das gentes do* jus publicum europaeum. Trad. Alexandre Franco de Sá, Bernardo Ferreira, José Maria Arruda e Pedro Hermílio Villas Bôas Castelo Branco. Rio de Janeiro, Contraponto, 2014.]

TICÔNIO. *Liber regularum*. In: Burkitt, F. C. (org.). *The Book of Rules of Tyconius*. Texts and Studies. Cambridge, Cambridge University Press, 1894. [Ed. it.: *Sette regole per la Scrittura*. Bolonha, EDB, 1997.]

TROELTSCH, E. *Glaubenslehre. Nach Heidelberger Vorlesungen aus den Jahren 1911 und 1912*. Munique, Duncker & Humblot, 1925. [Ed. it.: *Dottrina della fede*. Nápoles, Guida, 2005.]

O teólogo Harvey Cox, autor de *The Secular City* (1965)

Publicado em 2015, cinquenta anos após o lançamento de *The Secular City* (*A cidade secular*), em que o teólogo batista Harvey Cox propõe à Igreja assumir o trabalho de libertar os cativos, obra determinante para a criação da Teologia da Libertação na América Latina, este livro foi composto em Adobe Garamond Pro, 12/18, e reimpresso em papel Avena 80 g/m², na gráfica Sumago para a Boitempo, em outubro de 2016, com tiragem de 1 mil exemplares.